GUÍA DE LECTURA

Escrita por Dominique Coutant-Defer
Traducida por Marta Sánchez Hidalgo

El árbol de los deseos

de William Faulkner

WILLIAM FAULKNER

ESCRITOR AMERICANO

- **Nacido en 1897**
- **Fallecido en 1962 en el estado de Misisipi (Estados Unidos)**
- **Algunas de sus obras:**
  - *El ruido y la furia* (1929), novela
  - *Santuario* (1931), novela
  - *¡Absalón, Absalón!* (1936), novela

William Faulkner es un escritor americano que nació en 1897 en el estado de Misisipi. Hoy en día está considerado como uno de los autores más importantes del Sur de Estados Unidos. En sus comienzos ejerce diferentes oficios, como la aviación, antes de consagrarse a la escritura de novelas tales como *El ruido y la furia* (1929), *Mientras agonizo* (1930), *Santuario* (1931), que lo dan a conocer al gran público, y *¡Absalón, Absalón!* (1936). También escribe poemas y relatos. De un estilo muy trabajado, que a menudo se ha visto confrontado al estilo de Hemingway (escritor americano, 1899-1961), sus escritos constan de un fuerte componente psicológico y muestran principalmente los problemas del Sur de Estados Unidos de aquella época. Recibe el Premio Nobel en 1949 y muere en 1962 debido a problemas con el alcohol.

EL ÁRBOL DE LOS DESEOS

UN RELATO QUE PARECE UN CUENTO

- Género: novela juvenil
- Edición de referencia: Faulkner, William. 2008. *El árbol de los deseos*. Traducido por José Luis López Muñoz. Madrid: Alfaguara
- Primera edición: 1967
- Temas: sueño, aventura, magia, deseos, cumpleaños

La novela corta *El árbol de los deseos*, escrita sin duda hacia al año 1927, aparece tras la muerte del autor en 1967. Este relato que parece un cuento destinado al público joven retrata la aventura que vive en sueños la pequeña Dulcie en la víspera de su cumpleaños: Dulcie, en compañía de un extraño y pequeño mago, va en busca del «Árbol de los Deseos», que cumple todos los deseos que se le pide.

RESUMEN

UNA ESCALERA MARAVILLOSA

En la víspera de su cumpleaños la pequeña Dulcie se acuesta con el pie izquierdo. Cuando se despierta a la mañana del día siguiente, encuentra en el cabecero de la cama a un «chico extraño, feo y de cara blanca, y tan pelirrojo que el resplandor de sus cabellos iluminaba el cuarto» (Faulkner 2008, 12), que se llama Maurice y que carga con una enorme cartera. Al levantarse, descubre que ya está vestida y comprueba desde la ventana que el paisaje de invierno ha dado paso a un estupendo panorama primaveral. Maurice le explica: «Eso pasa porque es tu cumpleaños» (Faulkner 2008, 15). «Y si la noche de antes [...] te acuestas con el pie izquierdo por delante y le das vuelta a la almohada antes de dormirte, puede suceder cualquier cosa» (*ib.*), prosigue el pequeño pelirrojo. La niña reconoce que realizó el ritual la noche anterior.

Entonces, Maurice sopla una minúscula escalera que comienza a crecer hasta que Dulcie y él pueden utilizarla. Se encuentran con Dicky, el hermano de Dulcie, George, un niño del vecindario y con la nodriza de Dulcie, Alice, que los llama para que salgan fuera. El pelirrojo pulsa un botón de la escalera y esta recupera su tamaño pequeño. Después, se presenta a los otros niños y los invita a pasear. Saca de su cartera unos ponis pequeños que «infla» delante de los pequeños, que están maravillados por el espectáculo. Alice no ve con muy buenos ojos esta aventura: teme los reproches de la madre de Dulcie y en la expedición no ceja en su empeño de convencer a los niños para que vuelvan a casa.

UN ÁRBOL MUY ESPECIAL

Se marchan de la ciudad para ir al campo e interpelan a un anciano que está delante de una casita. Se trata de Egbert, cuya identidad conoceremos más tarde. «Buscamos el Árbol de los Deseos» (Faulkner 2008, 25), dice Maurice. El anciano acepta acompañarlos ya que dice que vio este árbol cuando era pequeño. De este modo, conseguirá escapar de su mujer arpía. Sin embargo, no está seguro de poder indicar el camino.

El grupo continúa la ruta y, guiados por el viejo, llegan a un curioso árbol con hojas blancas. Cada niño arranca una y se dan cuenta de que cambia de color: la de Dulcie se vuelve azul y la de George se vuelve violeta. «Tienen el color de los deseos de cada uno, explicó el pelirrojo» (Faulkner 2008, 35). No obstante, el anciano insiste en que el árbol es uno de esos innumerables melomax, que crecen en el bosque y que, por tanto, no es el árbol que buscan. Para saciar el hambre de los niños, Maurice hace aparecer todo lo que desean comer, y George muestra ante todos su glotonería e irremediablemente cae enfermo.

DESEOS POTENCIALMENTE PELIGROSOS

Después entran en el bosque. Dicky anuncia que le convendría tener un fusil para disparar al venado que, en su opinión, debe ser abundante. Tan pronto como lo dice, un fusil demasiado grande para los brazos del niño cae en las rodillas del anciano. Indignada, la nodriza le suplica que se deshaga de él y el arma desaparece al instante. Entonces, intenta convencer a los otros para que vuelvan a la casa, ya que considera que la expedición es demasiado peligrosa.

El equipo pasa delante de un castillo que custodian unos soldados. Alice señala que su marido, Exodus, que la ha abandonado, era cabo en el ejército. Entonces, Dicky pide un soldado. Uno de ellos se planta al momento delante de él y Alice reconoce a su esposo, al que comienza a criticar. A pesar de todo, el soldado intenta justificar su comportamiento del pasado y comienza a narrar con el anciano las guerras en las que han luchado. Tienen que pararse bruscamente porque George no se siente bien.

El anciano manifiesta su deseo de degustar caramelos, pero deben ser blandos porque no tiene dientes. Dulcie le aconseja que pida una dentadura postiza, pero al viejo no le gusta mucho, aunque la guarda igualmente para decorar la repisa de la chimenea. Acto seguido, pide una espada para mostrar cómo la utilizaba durante la guerra. Pero George pone en duda la valentía del viejo y desea un león, que el viejo cortaría en dos para probar su bravura. El grupo aterrorizado baja de los ponis, que desaparecen en estampida, y corren por el camino al ver que una fiera ha aparecido ante ellos. «Todo lo que hay que hacer [...] es que, quien pidió el león, diga que no lo quiere» (Faulkner 2008, 62), aconseja Maurice. Así lo hace Georges y el animal desaparece.

EL GUILIPUS

Maurice no tiene más ponis en su bolsa, por lo que tienen

que proseguir el camino a pie. El anciano se queja de que ha perdido a su guilipus, un animalito tallado en madera que tenía en su bolsillo cuando los niños lo encontraron. Entonces desea que su guilipus cobre vida para poder encontrarlo fácilmente. Su deseo se hace realidad, pero Dicky comienza a pegar al animal. Éste habla y llama al anciano por su nombre, que por fin los niños conocen. El guilipus se vuelve cada vez más grande hasta el punto de que Dicky desea cortarlo en dos: de este modo, cae en dos pedazos, para desesperación de Egbert, al mismo tiempo que el niño queda reducido al tamaño de un soldado de plomo. «Eso le ha pasado por haber formulado un deseo malo» (Faulkner 2008, 65), explica el pequeño pelirrojo. Alice y Dulcie, que defienden a Dicky, tendrán la misma suerte. Maurice explica que Dicky debe llevar a cabo una buena acción para pagar por los errores de los tres. En cuanto a George, anuncia que quiere volver a su casa y desaparece de inmediato. Egber piensa que sería más simple para el viaje si todo el mundo tuviera el tamaño de los soldaditos de plomo, lo que se cumple inmediatamente.

UN CAMINO LLENO DE TRAMPAS

Intentan escalar una montaña de madera que les corta el camino. Maurice explica que se trata del guilipus de Egber que se ha metamorfoseado. Entonces, el anciano lamenta la existencia de su animal preferido y, por ello, este salta inmediatamente a su bolsillo, haciendo que la montaña desaparezca y quedando libre el paso. A Dicky casi se lo come un arrendajo, pero Maurice transforma el sombrero del marido de Alice en un plato sopero bajo el cual se refugian todos. A continuación, sienten una enorme sacudida y creen que se trata de un terremoto, pero descubren que se trata de un topo que está cavando una galería. Desean que el marido de Alice se vuelva grande de nuevo para que los transporte en su sombrero. Dicky devuelve a Egber su guilipus, que había perdido en un pliegue del sombrero de Exodus, y se anula la mala acción anterior, por lo que recupera su tamaño normal.

Sin embargo, Dulcie lo sabrá más tarde: como el viaje no le está gustando mucho, desea volver a la cama, en la que aparece de inmediato. Como quería reencontrarse con los otros, aparece en casa de Egbert, junto a guilipus, que no recuerda la aventura que han vivido juntos. No obstante, le ofrece a la niña una hoja de árbol de color que dice que había encontrado en el camino: Dulcie se promete a sí misma que encontrará a sus amigos. Su deseo se hace realidad y comprueba que Dicky ha recuperado su tamaño durante su ausencia.

EL PÁJARO AZUL

El grupo llega a un precioso valle y descubre «un árbol cubierto de hojas de mil colores distintos» (Faulkner 2008, 77), rodeado de pájaros. Maurice comunica a los demás que se trata, esta vez de verdad, del Árbol de los Deseos. Pero cuando se acercan, el árbol se transforma en un gran anciano con barba larga y brillante que Maurice presenta como San Francisco. Los niños le transmiten su decepción por no haber podido ver el Árbol de los Deseos y el anciano les revela que se trataba en realidad de un árbol con hojas de colores que habían visto antes.

Les pide que devuelvan las hojas que han recogido ya que el árbol se consumiría si se quedaran egoístamente con sus hojas. El santo les aconseja en su lugar que adopten un pájaro y se ocupen de él ya que «las personas que protegen y cuidan a seres indefensos no pueden tener deseos egoístas» (Faulkner 2008, 80), explica. Critica la actitud de Georges que los ha abandonado. Egbert, del que Dulcie trae noticias, ya no tiene nada más que desear, dice el santo, ya que es muy viejo.

Dejan a San Francisco y prosiguen su camino. En poco tiempo advierten una calle a través de una cortina de niebla. Dulcie se muestra reticente ante la idea de proseguir el camino con Maurice y aunque intenta convencerla, este se esfuma y la niña aparece en su cama, emergiendo del sueño con dificultad. Al lado del cabecero se encuentran su madre y Dicky que le desean feliz cumpleaños y le regalan un bonito pájaro azul en una jaula. Su hermano exige uno de inmediato y Dulcie promete darle la mitad del suyo. Recuerda las palabras de San Francisco, aunque sólo haya sido un sueño: «no necesitas un Árbol de los Deseos para lograr que las cosas sucedan» (Faulkner 2008, 85).

ESTUDIO DE LOS PERSONAJES

MAURICE

Maurice es un «chico extraño, feo y de cara blanca, y tan pelirrojo que el resplandor de sus cabellos iluminaba el cuarto» (Faulkner 2008, 12). Sus ojos tienen motas doradas, lleva un traje de terciopelo negro y medias rojas y nunca se separa de su enorme cartera. Este curioso personaje, que tiene poderes mágicos, guiará al pequeño grupo en el camino hacia el Árbol de los Deseos, iniciándolo en las aventuras, afortunadas o desafortunadas, pero protegiéndolo de peligros graves. Es un ser ambivalente: por una parte, parece cumplir una misión educativa y moral, por otra, actúa como el personaje que tienta a los demás, dejando que los niños crean que todo es posible, un poco al estilo del diablo. Por otro lado, el autor insiste varias veces en su aspecto inquietante y su extraña mirada.

DULCIE, DICKY Y GEORGE

Son los tres niños de la historia. Dilcie y Dicky son hermano y hermana, y George es su vecino. La niña pequeña ejerce un papel importante en la intriga: durante la noche que precede a su cumpleaños, sueña esta extraña aventura sobre el Árbol de los Deseos. Por su lado, Dicky y George provocan las aventuras desafortunadas por sus deseos egoístas. Dulcie, mayor y más prudente, intenta calmar su ímpetu con frecuencia.

ALICE

Alice es la niñera de Dulcie y Dicky. A lo largo del relato, presenta un carácter desconfiado y teme por la seguridad de los niños. Ella será la que proponga dar la vuelta y volver a casa. Representa la razón y la autoridad.

EGBERT

Egbert es un anciano un poco loco que acepta seguir a los niños, encantado de poder escaparse de su mujer y encontrar los recuerdos de su infancia. Nunca va sin su guilipus, un animalito tallado en madera que parece un perro. Es, en cierto modo, el "barquero" que, gracias a su experiencia, guía a los niños hacia un mundo encantado. Sin embargo, desaparece misteriosamente cuando Dulcie pide el deseo de volver a su cama, antes de indicarle de nuevo la manera de encontrar a sus amigos.

SAN FRANCISCO

San Francisco aparece en las últimas páginas del relato cuando el árbol que los niños confunden con el Árbol de los Deseos se metamorfosea en un viejo demacrado, de barba larga y brillante, rodeado de pájaros. Representa al sabio cuya palabra conduce a la verdad. Revela a los niños el carácter egoísta de su conducta y promulga la protección de los más débiles. Puede aparecer como el doble invertido de Maurice, ya que este alaba los celos infantiles. Al contrario, San Francisco les revela la vacuidad que reside en esa actitud.

CLAVES DE LECTURA

ESQUEMA NARRATIVO

La situación inicial: es el comienzo de la historia, el momento donde se plantea el decorado y donde se presentan los personajes; la situación debe ser equilibrada, es decir, sin ninguna razón que le haga cambiar.

- La mañana de su cumpleaños, la pequeña Dulcie se despierta y encuentra un extraño hombrecillo junto a su cabecero.

Elemento perturbador: se trata de un evento que perturba la situación inicial y que desencadena la historia propiamente dicha.

- El hombrecillo es mago y propone a Dulcie, a la niñera y a sus amigos ir en busca del Árbol de los Deseos.

Peripecias: son los acontecimientos que surgen a raíz del elemento perturbador y que conducen a la o las acciones emprendidas por el héroe que tiene como fin resolver el problema.

- La pareja, acompañada por el anciano Egbert, por los niños y la niñera, encuentran un árbol del que arrancan unas hojas, que representan sus deseos, pero no es el árbol que están buscando. Todos piden diferentes deseos, algunos de ellos casi conducen a los personajes a la catástrofe. Finalmente, llegan al Árbol de los Deseos que se transforma en un anciano: San Francisco.

Desenlace: pone fin a las peripecias y conduce a la situación final.

- Este último les revela que es de egoístas querer que se cumplan propios a toda costa los deseos y que es mejor tener en cuenta a los demás y proteger a los más débiles.

Situación final: es el final de la historia. Vuelve la estabilidad como en la situación inicial, pero experimenta una serie de transformaciones.

- Dulcie se despierta en su cama: toda esta aventura ha sido sólo un sueño.

UNA NOVELA PARA LA JUVENTUD

Además de los cuentos tradicionales para niños como los de los hermanos Grimm (lingüistas, filósofos y recolectores de cuentos: Jacob, 1785-1863; Wilhelm, 1786-1859) o los de Perrault (escritor francés, 1628-1703), los jóvenes lectores tienen a su disposición obras específicas: se trata de la literatura juvenil. Este tipo de obra se ha desarrollado considerablemente desde la mitad del siglo XIX, cuando aparecieron libros como *Oliver Twist* de Charles Dickens (escritor inglés, 1812-1870) o *Sin familia* de Hector Malot (escritor francés, 1830-1907), concebidos para los más jóvenes.

La literatura de juventud reagrupa con frecuencia las siguientes características, que encontramos también en *El árbol de los deseos*:

- el relato se centra en uno o varios niños: en El árbol de los deseos, los jóvenes lectores centran su atención en el grupo de niños. A menudo se resta valor a los adultos, sobre todo a Alice, que representa la prudencia y la autoridad. En cambio, el viejo Egbert es su amigo, puesto que su senilidad en cierto modo le devuelve su infancia. Como los personajes principales son niños, es más fácil que el lector se identifique con los protagonistas ya que estos viven a menudo situaciones que los jóvenes lectores han experimentado;
- encontramos animales con frecuencia, con los que los niños mantienen relaciones privilegiadas. Son numerosos en el relato de Faulkner: ponis, león, perro, topo, etc.;
- hay temas recurrentes: los animales, la amistad, los padres y las relaciones complicadas que mantienen con sus progenitores. La niñera Alice y la madre de Dulcie (que hace una corta aparición al final del relato) representan a los padres;
- las historias tienen una dimensión moral: las obras para niños intentan con frecuencia transmitir valores morales al mismo tiempo que distraen y conmueven al lector. Suelen retratar un recorrido iniciático que realiza un héroe que al final consigue vencer a la adversidad gracias a su valor: es el caso, por ejemplo, de Jim Hawkins en La isla del tesoro de Stevenson (escritor escocés, 1850-1894). En El árbol de los deseos, se exaltan ciertas virtudes como la solidaridad hacia los más débiles o el auto-desinterés, reveladas a los niños gracias a la intervención de San Francisco. Además, Dicky tendrá que hacer una buena acción para expiar su deseo negativo del león;
- la escritura es simple: las frases son cortas, el vocabulario

corriente, el nivel de lengua es, a veces, familiar. Y privilegia la acción frente a las largas descripciones, manteniendo en vilo a los jóvenes lectores, a los que no se debe molestar con demasiadas dificultades lingüísticas.

ELEMENTOS DEL CUENTO TRADICIONAL

Como hemos señalado antes, los cuentos maravillosos, nacidos de la tradición oral, son a menudo las lecturas preferidas de los niños. *El árbol de los deseos* presenta también ciertas características de este género literario:

- nos muestra, ante todo, un universo encantado: la mañana del cumpleaños, Dulcie abandona su barrio y su paisaje invernal como por arte de magia para desplazarse a un lugar primaveral donde crecen árboles con hojas que se tiñen de mil colores y que representan los deseos de quienes las cogen. Así, toda la historia se desarrolla en un contexto maravilloso, aunque se descubra al final que se trata de un sueño;
- la magia está presente también: el curioso y pequeño Maurice tiene el poder de agrandar los objetos, de hacer que aparezcan o desaparezcan. Además, el ritual que emprende Dulcie en la víspera de su cumpleaños, que la sumerge durante el sueño en una extraña aventura, tiene todas las características de un ritual mágico;
- citemos a continuación las metamorfosis, igualmente típica de los cuentos maravillosos: el pequeño guilipus, tallado por Egbert, se transforma en un perro real y el árbol del final del relato toma vida y se convierte en un anciano transmisor de la verdad;

- los personajes no son muy numerosos: sólo aparecen tres niños, la niñera, el pequeño pelirrojo, Egbert y San Francisco;
- por último, ciertos personajes son seres fueras de lo normal: Maurice y San Francisco, dotados de poderes sobrenaturales, desempeñan cada uno un papel en cierta medida iniciático durante la aventura de los niños.

No obstante, *El árbol de los deseos* se distingue del mismo modo del cuento maravilloso en ciertos aspectos:

- a diferencia del cuento, de formato corto, la obra presenta la extensión de una novela;
- los personajes no se describen de manera esquemática y no se reparten drásticamente entre buenos y malos. Al contrario, el carácter de los personajes se ve sujeto a diversos matices: pensemos en Dicky que, tras haber pedido un deseo negativo, lleva a cabo una buena acción.

¡Su opinión nos interesa!
¡Deje un comentario en la página web de su librería en línea,
y comparta sus favoritos en las redes sociales

PARA IR MÁS ALLÁ

EDICIÓN DE REFERENCIA

- Faulkner, William. 2008. *El árbol de los deseos*. Traducido por José Luis López Muñoz. Madrid: Alfaguara.